Experimentos
Ciências

Elaine Bueno • Carolina Lamas
Alysson Ramos • Rosangela Borba
Euler de Freitas

Nome: _____

Turma: _____

Escola: _____

Professor: _____

Dados Internacionais de Catalogação na Publicação (CIP)
(Câmara Brasileira do Livro, SP, Brasil)

+ Experimentos: ciências, 1 / Elaine Bueno...[et al.]. – São Paulo: Editora do Brasil, 2016.

Outros autores: Carolina Lamas, Alysson Ramos, Rosangela Borba, Euler de Freitas
ISBN 978-85-10-06348-7 (aluno)
ISBN 978-85-10-06349-4 (professor)

1. Ciências (Ensino fundamental) I. Bueno, Elaine. II. Lamas, Carolina. III. Ramos, Alysson. IV. Borba, Rosangela. V. Freitas, Euler de.

16-04103   CDD-372.35

Índices para catálogo sistemático:
1. Ciências: Ensino fundamental 372.35

© Editora do Brasil S.A., 2016
Todos os direitos reservados

Direção geral: Vicente Tortamano Avanso
Direção adjunta: Maria Lucia Kerr Cavalcante de Queiroz

Direção editorial: Cibele Mendes Curto Santos
Gerência editorial: Felipe Ramos Poletti
Supervisão editorial: Erika Caldin
Supervisão de arte, editoração e produção digital: Adelaide Carolina Cerutti
Supervisão de direitos autorais: Marilisa Bertolone Mendes
Supervisão de controle de processos editoriais: Marta Dias Portero
Supervisão de revisão: Dora Helena Feres
Consultoria de iconografia: Tempo Composto Col. de Dados Ltda.

Coordenação de edição: Angela Sillos
Edição: Nathalia C. Folli Simões, Rafael Braga de Almeida e Sabrina Nishidomi
Assistência editorial: Ana Caroline Mendonça, Erika Maria de Jesus e Mateus Carneiro Ribeiro Alves
Auxílio editorial: Aline Tiemi Matsumura
Coordenação de revisão: Otacilio Palareti
Copidesque: Ricardo Liberal
Revisão: Alexandra Resende
Coordenação de iconografia: Léo Burgos
Pesquisa de capa: Léo Burgos
Pesquisa iconográfica: Léo Burgos
Coordenação de arte: Maria Aparecida Alves
Assistência de arte: Carla Del Matto
Design gráfico: Estúdio Sintonia e Patrícia Lino
Capa: Maria Aparecida Alves
Imagem de capa: AndreyCherkasov/Shutterstock.com
Ilustrações: Hélio Senatore, Ilustra Cartoon e Imaginario Studio
Coordenação de editoração eletrônica: Abdonildo José de Lima Santos
Editoração eletrônica: Gilvan Alves da Silva e José Anderson Campos
Coordenação de produção CPE: Leila P. Jungstedt
Controle de processos editoriais: Beatriz Villanueva, Bruna Alves, Carlos Nunes e Rafael Machado

1ª edição / 1ª impressão, 2016
Impresso na AR Fernandez Gráfica

Rua Conselheiro Nébias, 887 – São Paulo/SP – CEP 01203-001
Fone: (11) 3226-0211 – Fax: (11) 3222-5583
www.editoradobrasil.com.br

Sumário

Aprender ciências com atividades experimentais......................4

Regras de segurança para as atividades 5

Material comum de laboratório 6

Faça você mesmo 7

Corpo humano e saúde..8

1. Conhecendo meu corpo! 8
2. Modelo do corpo humano em tamanho real................................ 10
3. "Vendo" com outros sentidos 12
4. É açúcar ou sal? 14
5. Simulando uma meleca 16
6. Cuidado e conservação dos alimentos... 18

Vida e ambiente...20

7. Existe água no ar? 20
8. Os solos são todos iguais?.. 22
9. Poluição dos rios 24
10. Observando sementes 26
11. Observando as folhas 28
12. Agrupando os animais 30
13. Lanche para passarinhos 32

Universo e tecnologia...34

14. Telefone de barbante 34
15. Durante o dia existem estrelas no céu? 36
16. A Lua tem luz própria? 38
17. O tamanho do Sol, da Terra e da Lua.. 40
18. Meteoritos... 42
19. Rotação da Terra 44
20. Relógio de sol.. 46

APRENDER CIÊNCIAS COM ATIVIDADES EXPERIMENTAIS

HÁ MUITOS MODOS DE APRENDER ALGO NOVO. UM DELES É A ATIVIDADE EXPERIMENTAL, QUANDO PODEMOS EXPLORAR O QUE ESTÁ A NOSSA VOLTA.

NAS ATIVIDADES AQUI PROPOSTAS, VOCÊ REALIZARÁ PROCEDIMENTOS, OBSERVARÁ FENÔMENOS E FARÁ TESTES PARA VER COMO AS COISAS SÃO OU COMO FUNCIONAM.

VOCÊ PODE CONHECER MELHOR A NATUREZA OBSERVANDO UM JARDIM, UM POMAR OU A CHUVA, SENTINDO O CHEIRO DOS ALIMENTOS, OS SONS DO AMBIENTE... ENFIM, O MUNDO PODE SER UM GRANDE LABORATÓRIO.

REGRAS DE SEGURANÇA PARA AS ATIVIDADES

MUITAS VEZES, AO REALIZAR UM EXPERIMENTO, É PRECISO USAR INSTRUMENTOS OU SUBSTÂNCIAS QUE PODEM TRAZER RISCOS À SAÚDE OU AO AMBIENTE. POR ISSO, EXISTEM ALGUNS CUIDADOS QUE DEVEM SER TOMADOS.

REGRAS DE SEGURANÇA

- NÃO MEXA EM NADA SEM A AUTORIZAÇÃO DO PROFESSOR.
- ESPERE PELA ORIENTAÇÃO DO PROFESSOR ANTES DE COMEÇAR QUALQUER PROCEDIMENTO.
- SIGA SEMPRE OS PASSOS DESCRITOS NO TEXTO; NÃO OS MODIFIQUE NEM INVERTA A SEQUÊNCIA.
- AVISE SEMPRE O PROFESSOR CASO ACONTEÇA ALGO INESPERADO.
- NÃO CHEIRE OU PROVE QUALQUER TIPO DE SUBSTÂNCIA SEM QUE O PROFESSOR LHE PEÇA.
- TOME SEMPRE O MÁXIMO CUIDADO AO MEXER COM OBJETOS DE VIDRO.
- JOGUE O MATERIAL DESCARTADO EM CESTOS DE LIXO.
- MANTENHA O AMBIENTE EM ORDEM, LIMPO E ORGANIZADO.

MATERIAL COMUM DE LABORATÓRIO

TUBO DE ENSAIO: TUBO DE VIDRO UTILIZADO PARA MISTURAR OU ARMAZENAR AS SUBSTÂNCIAS DURANTE OS EXPERIMENTOS.	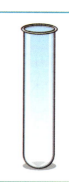
BÉQUER: RECIPIENTE DE VIDRO USADO PARA MISTURAR OU MEDIR SUBSTÂNCIAS:	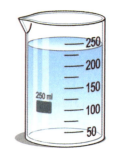
LUPA: SERVE PARA AMPLIAR A IMAGEM DE OBJETOS E SERES VISÍVEIS A OLHO NU.	
FUNIL: OBJETO UTILIZADO PARA FILTRAR OU TRANSFERIR SUBSTÂNCIAS ENTRE RECIPIENTES.	
PINÇA: ÚTIL PARA PEGAR OBJETOS.	

🟥 FAÇA VOCÊ MESMO

FAÇA, COM OS COLEGAS E O PROFESSOR, ALGUNS MATERIAIS PARA EQUIPAR O LABORATÓRIO DA ESCOLA USANDO OBJETOS FÁCEIS DE ENCONTRAR OU RESÍDUOS DESCARTADOS.

AS GARRAFAS PET SÃO UM EXEMPLO DE OBJETO QUE PODE SER REAPROVEITADO. ASSIM VOCÊ AJUDA A ECONOMIZAR E AINDA REDUZ A QUANTIDADE DE LIXO.

VEJA COMO FAZER UM FUNIL, UM RECIPIENTE COMO O BÉQUER OU UMA FLOREIRA.

PARA ISSO, PEÇA A UM ADULTO QUE CORTE UMA GARRAFA, QUE PODE SER DE 2 LITROS, 1 LITRO E MEIO OU 600 MILILITROS.

CORTADA COMO MOSTRADO NA IMAGEM ABAIXO, A GARRAFA PODE SER UTILIZADA PARA O CULTIVO DE PLANTAS.

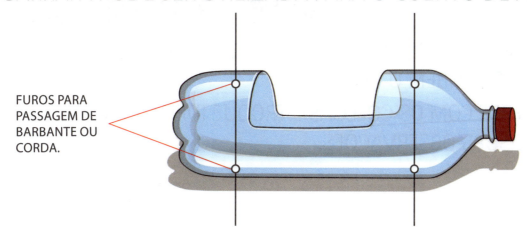

FUROS PARA PASSAGEM DE BARBANTE OU CORDA.

CORPO HUMANO E SAÚDE

1. CONHECENDO MEU CORPO!

AS PESSOAS SÃO MUITO DIFERENTES UMAS DAS OUTRAS. ELAS TÊM SUAS PRÓPRIAS CARACTERÍSTICAS FÍSICAS E JEITOS DE SER. SÃO ESSAS DIFERENÇAS QUE AS IDENTIFICAM.

VOCÊ JÁ OBSERVOU ALGUMAS DE SUAS CARACTERÍSTICAS?

MATERIAL:
- ESPELHO;
- LÁPIS;
- BORRACHA;
- LÁPIS DE COR.

COMO FAZER

1. PEGUE O ESPELHO E OBSERVE SEU ROSTO. VEJA COMO É CADA PARTE DELE: NARIZ, BOCA, ORELHAS, OLHOS, SOBRANCELHAS E CABELOS.

2. OBSERVE SEUS MEMBROS – MÃOS, PÉS, BRAÇOS E PERNAS. OBSERVE TAMBÉM O TRONCO.

3. CONVERSE COM OS COLEGAS E TROQUE IDEIAS COM ELES SOBRE SUAS OBSERVAÇÕES.

REGISTRO DOS RESULTADOS E CONCLUSÃO

NOME: _____

TURMA: _____ DATA: _____/_____/_____

1 DESENHE SEU CORPO COMO VOCÊ O OBSERVOU. DEPOIS, MOSTRE O RESULTADO AO PROFESSOR E AOS COLEGAS.

2. MODELO DO CORPO HUMANO EM TAMANHO REAL

SERÁ QUE VOCÊ CONSEGUE DESENHAR O CORPO DE UM COLEGA EM TAMANHO REAL?

MATERIAL:

- FOLHAS GRANDES DE PAPEL PARDO;
- LÁPIS OU GIZ DE CERA;
- BORRACHA.

COMO FAZER

1. FORME GRUPO COM OS COLEGAS E JUNTOS ESTIQUEM O PAPEL NO CHÃO.
2. ESCOLHAM UM DOS COLEGAS DO GRUPO PARA DEITAR NO PAPEL, COM A CABEÇA DE LADO E COM OS BRAÇOS E AS PERNAS AFASTADOS.

3. PEGUEM UM LÁPIS OU GIZ DE CERA PARA DESENHAR TODO O CONTORNO DO CORPO DO COLEGA QUE ESTÁ DEITADO SOBRE O PAPEL.
4. COM O AUXÍLIO DO PROFESSOR, ESCREVAM O NOME DE CADA UMA DESTAS PARTES DO CORPO: CABEÇA, TRONCO, MEMBROS SUPERIORES E MEMBROS INFERIORES.

REGISTRO DOS RESULTADOS E CONCLUSÃO

NOME: _____

TURMA: _____ DATA: _____/_____/_____

1. RESPONDA ORALMENTE: VOCÊ TEVE ALGUMA DIFICULDADE PARA FAZER ESSA ATIVIDADE? QUAL?

2. AGORA QUE VOCÊ IDENTIFICOU AS PARTES DO CORPO, VAMOS IDENTIFICAR AS PARTES DO ROSTO. DESENHE UM ROSTO E TODAS AS SUAS PARTES, ESCREVENDO O NOME DE CADA UMA.

3. CONVERSE COM OS COLEGAS SOBRE OS DESENHOS QUE VOCÊS FIZERAM. ELES SÃO TODOS IGUAIS? POR QUÊ?

3. "VENDO" COM OUTROS SENTIDOS

COMO CONSEGUIMOS DESCOBRIR O QUE HÁ DENTRO DE UMA CAIXA ANTES DE ABRI-LA?

VAMOS FAZER UM EXPERIMENTO PARA SABER COMO ISSO ACONTECE.

MATERIAL:

- QUATRO CAIXAS DE PAPELÃO DO MESMO TAMANHO (UMA PARA CADA GRUPO);
- OBJETOS VARIADOS – CLIPES, BOTÕES, BOLA DE GUDE, PEDRINHAS, BORRACHAS, LÁPIS, CANETAS, APONTADOR, TAMPA DE CANETA, GIZ OU OUTROS OBJETOS QUE CAIBAM DENTRO DA CAIXA;
- FITA ADESIVA;
- TESOURA SEM PONTA;
- CANETINHA.

COMO FAZER

1. DIVIDAM-SE EM QUATRO GRUPOS.
2. PEGUEM AS CAIXAS QUE O PROFESSOR ENTREGOU AO GRUPO E AS NUMEREM DE 1 A 4, CONFORME A ORIENTAÇÃO DELE.
3. COM CUIDADO, PARA QUE OS OUTROS GRUPOS NÃO VEJAM, ESCOLHAM E COLOQUEM NA CAIXA CINCO OBJETOS.
4. FECHEM A CAIXA COM FITA ADESIVA.
5. TROQUEM A CAIXA COM OS OUTROS GRUPOS.
6. MANUSEIEM A CAIXA QUE VOCÊS RECEBERAM DO OUTRO GRUPO PARA TENTAR ADIVINHAR O QUE HÁ DENTRO DELA.

REGISTRO DOS RESULTADOS E CONCLUSÃO

NOME: _____

TURMA: _____ **DATA:** _____/_____/_____

1 DESENHE UM OBJETO QUE VOCÊ DESCOBRIU.

2 RESPONDA ORALMENTE: COMO VOCÊ E OS COLEGAS FIZERAM PARA SABER QUE OBJETOS ESTAVAM ALI?

3 FAÇA UM **X** PARA INDICAR QUAL FOI A MANEIRA MAIS FÁCIL DE DESCOBRIR OS OBJETOS CONTIDOS NA CAIXA.

A) ☐ MANUSEANDO.   B) ☐ ADIVINHANDO.

4 RESPONDA ESCREVENDO NÚMEROS:

A) QUANTOS GRUPOS DESCOBRIRAM OS CINCO OBJETOS?

_____

B) QUANTOS GRUPOS DESCOBRIRAM MENOS DE CINCO OBJETOS?

_____

4. É AÇÚCAR OU SAL?

SERÁ QUE VOCÊ CONSEGUE DESCOBRIR, SÓ DE OLHAR, SE FOI ADICIONADO SAL OU AÇÚCAR EM UM COPO DE ÁGUA?

VAMOS FAZER UM EXPERIMENTO PARA VERIFICAR.

MATERIAL:

- DOIS COPOS IGUAIS;
- ÁGUA FILTRADA;
- SAL;
- AÇÚCAR;
- VENDA PARA OS OLHOS (INDIVIDUAL);
- COLHERES DE CHÁ DESCARTÁVEIS.

COMO FAZER

1. OBSERVE AS MISTURAS FEITAS PELO PROFESSOR E TENTE IDENTIFICAR QUAL DELAS TEM AÇÚCAR E QUAL DELAS TEM SAL.

2. DEPOIS O PROFESSOR VAI COLOCAR A VENDA EM VOCÊ.

3. EM SEGUIDA, VAI COLOCAR UMA COLHER DE CHÁ DE UMA DAS MISTURAS EM SUA BOCA. SINTA O GOSTO.

4. O PROCEDIMENTO SERÁ REPETIDO, MAS AGORA COM A OUTRA MISTURA. SINTA O GOSTO.

5. TENTE DESCOBRIR QUAL MISTURA TEM SAL E QUAL TEM AÇÚCAR POR MEIO DO GOSTO QUE VOCÊ SENTIU DE CADA UMA. CONTE SUA OPINIÃO PARA A TURMA.

REGISTRO DOS RESULTADOS E CONCLUSÃO

NOME: _____

TURMA: _____ DATA: _____/_____/_____

1 QUANDO VOCÊ CONSEGUIU PERCEBER QUAL MISTURA ERA ÁGUA SALGADA E QUAL ERA ÁGUA DOCE?

A) ☐ QUANDO OBSERVEI.

B) ☐ QUANDO EXPERIMENTEI.

2 DESENHE O ÓRGÃO DO SENTIDO RESPONSÁVEL POR ESSA PERCEPÇÃO.

3 VOCÊ ACHA QUE HÁ MATERIAIS QUE PODEMOS IDENTIFICAR USANDO APENAS O SENTIDO DA VISÃO?

A) ☐ SIM. B) ☐ NÃO.

SE RESPONDEU SIM, ESCREVA O NOME DE UM MATERIAL QUE, SÓ DE OLHAR, VOCÊ JÁ SABE QUAL É.

_____

5. SIMULANDO UMA MELECA

DENTRO DO NARIZ TEMOS SECREÇÃO E PELOS. ELES IMPEDEM QUE SUBSTÂNCIAS OU MICRÓBIOS PREJUDICIAIS À SAÚDE ENTREM EM NOSSO CORPO.

NESTA ATIVIDADE VOCÊ VAI SIMULAR COMO ISSO OCORRE.

MATERIAL:

- GELECA (AMOEBA) JÁ PRONTA NA COR VERDE;
- PEDAÇOS DE PAPEL;
- PEDAÇOS DE BARBANTE COM CERCA DE 1 CENTÍMETRO;
- SEMENTES (MILHO, ALPISTE, FEIJÃO ETC.);
- PRATO PEQUENO DE PLÁSTICO.

COMO FAZER

1. COLOQUE A GELECA DENTRO DO PRATO DE PLÁSTICO.
2. PEGUE OS PEDAÇOS DE PAPEL E FAÇA BOLINHAS PEQUENAS COM ELES.
3. COLOQUE OS FIOS DE BARBANTE ESPALHADOS NA GELECA.
4. DISTRIBUA AS BOLINHAS DE PAPEL E AS SEMENTES EM CIMA DA GELECA JÁ COM OS FIOS DE BARBANTE.

REGISTRO DOS RESULTADOS E CONCLUSÃO

NOME: _____

TURMA: _____ DATA: _____/_____/_____

1 DESENHE COMO FICOU SUA MELECA DEPOIS DE PRONTA.

2 QUAL MATERIAL VOCÊ ACHA QUE REPRESENTA OS PELOS NO EXPERIMENTO? MARQUE-O COM UM **X**.

A) ☐ PAPEL

B) ☐ MILHO

C) ☐ BARBANTE

D) ☐ FEIJÃO

3 QUAIS MATERIAIS REPRESENTAM AS SUJEIRAS QUE PODEM ENTRAR NO NARIZ? MARQUE-OS COM UM **X**.

A) ☐ BARBANTE

B) ☐ MILHO

C) ☐ FEIJÃO

D) ☐ PAPEL

6. CUIDADO E CONSERVAÇÃO DOS ALIMENTOS

SABEMOS DA IMPORTÂNCIA DE CUIDAR DA HIGIENE DOS ALIMENTOS E CONSERVÁ-LOS ADEQUADAMENTE. MAS VOCÊ SABE O QUE OCORRE SE ESSES CUIDADOS NÃO FOREM TOMADOS?

MATERIAL:

- RECIPIENTE DE PLÁSTICO;
- GAZE OU TECIDO DE TRAMA FINA;
- COLHER;
- 3 COLHERES DE ALIMENTO JÁ COZIDO, COMO ARROZ OU FEIJÃO;
- FITA ADESIVA.

COMO FAZER

1. COLOQUE AS 3 COLHERES DO ALIMENTO ESCOLHIDO NO RECIPIENTE PLÁSTICO.
2. CUBRA COM A GAZE E PRENDA COM A FITA ADESIVA.

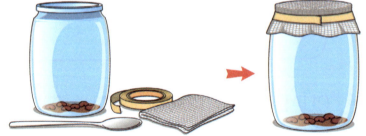

3. DEIXE O ALIMENTO FORA DA GELADEIRA, EM EXPOSIÇÃO, POR TRÊS DIAS.
4. A CADA DIA, OBSERVE O ALIMENTO E REGISTRE, POR MEIO DA ESCRITA OU DE UM DESENHO, O QUE ACONTECEU COM ELE. FAÇA AS ANOTAÇÕES NA PÁGINA A SEGUIR.

> ATENÇÃO, VOCÊ NÃO DEVE COLOCAR O ALIMENTO NA BOCA NEM MANUSEÁ-LO SEM A AJUDA DE UM ADULTO.

REGISTRO DOS RESULTADOS E CONCLUSÃO

NOME: _____

TURMA: _____ DATA: _____/_____/_____

1 ESCREVA OU DESENHE O QUE ACONTECEU COM O ALIMENTO.

1º DIA	2º DIA	3º DIA

2 RESPONDA ORALMENTE:

A) O QUE ACONTECEU COM ESSE ALIMENTO?

B) NESSE EXPERIMENTO, QUE ÓRGÃOS DO SENTIDO VOCÊ USOU?

C) QUAL É A OUTRA FORMA DE PERCEBER SE UM ALIMENTO ESTÁ ESTRAGADO?

D) O QUE AS PESSOAS COSTUMAM FAZER PARA CONSERVAR OS ALIMENTOS?

E) VOCÊ ACHA IMPORTANTE CONSERVAR OS ALIMENTOS? POR QUÊ?

F) TROQUE IDEIAS COM OS COLEGAS E O PROFESSOR SOBRE SUAS CONCLUSÕES.

VIDA E AMBIENTE

7. EXISTE ÁGUA NO AR?

SERÁ QUE EXISTE ÁGUA NO AR QUE RESPIRAMOS? PARA SABER MAIS DESSE ASSUNTO, REALIZE O EXPERIMENTO A SEGUIR.

MATERIAL:
- PRATO DE PLÁSTICO OU VASILHA;
- ESPONJA DE NÁILON;
- ÁGUA.

COMO FAZER
1. MOLHE COMPLETAMENTE A ESPONJA COM ÁGUA.
2. COLOQUE-A NO PRATO.
3. PONHA O RECIPIENTE EM UM LOCAL AREJADO, DE PREFERÊNCIA PRÓXIMO A UMA JANELA, MAS PROTEGIDO DA CHUVA.
4. OBSERVE DURANTE TRÊS DIAS O QUE ACONTECE COM A ESPONJA.

REGISTRO DOS RESULTADOS E CONCLUSÃO

NOME: _____

TURMA: _____ DATA: _____/_____/_____

1 OBSERVE DIARIAMENTE SEU EXPERIMENTO E REGISTRE SUA OBSERVAÇÃO COM UM DESENHO.

1º DIA	2º DIA	3º DIA

2 RESPONDA ORALMENTE:

A) O QUE ACONTECEU COM A ÁGUA QUE ESTAVA NA ESPONJA?

B) PARA ONDE A ÁGUA FOI?

C) PODEMOS COMPARAR O QUE OCORREU NO EXPERIMENTO COM O QUE OCORRE COM AS ROUPAS QUE COLOCAMOS NO VARAL? POR QUÊ?

D) VOCÊ CONSEGUE ENXERGAR A ÁGUA QUE ESTÁ MISTURADA COM O AR? POR QUÊ?

8. OS SOLOS SÃO TODOS IGUAIS?

NESSE EXPERIMENTO, VAMOS OBSERVAR AMOSTRAS DE TRÊS TIPOS DE SOLO. VOCÊ ESTÁ DESAFIADO A IDENTIFICAR ALGUMAS DIFERENÇAS ENTRE ELAS.

MATERIAL:

- AMOSTRAS DE SOLO ARENOSO, ARGILOSO E HUMÍFERO (DE JARDIM);
- PÁ DE JARDINAGEM;
- LUPA;
- TRÊS BACIAS DE PLÁSTICO;

COMO FAZER

1. COLOQUE CADA TIPO DE SOLO, SEPARADAMENTE, EM UMA BACIA.
2. PARA IDENTIFICAR CADA AMOSTRA, COLE NA BACIA UMA ETIQUETA COM O NOME DO TIPO DE SOLO CORRESPONDENTE.
3. OBSERVE EM CADA AMOSTRA: A COR E A TEXTURA. DEPOIS, COM UMA LUPA, VERIFIQUE OS ELEMENTOS QUE A COMPÕEM.

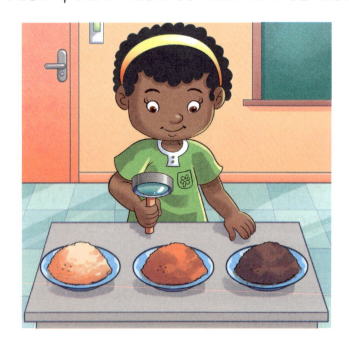

REGISTRO DOS RESULTADOS E CONCLUSÃO

NOME: _____

TURMA: _____ **DATA:** _____/_____/_____

1 PREENCHA OS ESPAÇOS DE ACORDO COM SUAS OBSERVAÇÕES.

SOLO ARENOSO

A) COR: _____

B) TEXTURA:

- ☐ LISA.
- ☐ ÁSPERA.
- ☐ FOFA.

C) ELEMENTOS ENCONTRADOS:

- ☐ MUITAS PEDRINHAS.
- ☐ RESTOS DE PLANTAS E PEQUENOS ANIMAIS.
- ☐ GRÃOS MUITO FINOS.

SOLO ARGILOSO

A) COR: _____

B) TEXTURA:

- ☐ LISA.
- ☐ ÁSPERA.
- ☐ FOFA.

C) ELEMENTOS ENCONTRADOS:

- ☐ MUITAS PEDRINHAS.
- ☐ RESTOS DE PLANTAS E PEQUENOS ANIMAIS.
- ☐ GRÃOS MUITO FINOS.

SOLO HUMÍFERO

A) COR: _____

B) TEXTURA:

- ☐ LISA.
- ☐ ÁSPERA.
- ☐ FOFA.

C) ELEMENTOS ENCONTRADOS:

- ☐ MUITAS PEDRINHAS.
- ☐ RESTOS DE PLANTAS E PEQUENOS ANIMAIS.
- ☐ GRÃOS MUITO FINOS.

9. POLUIÇÃO DOS RIOS

VOCÊ JÁ OUVIU FALAR EM ÁGUA POLUÍDA?
SABE DE QUE MANEIRA A ÁGUA PODE FICAR POLUÍDA?
FAÇA ESSA ATIVIDADE E VEJA COMO ISSO ACONTECE.

MATERIAL:

- BACIA DE PLÁSTICO (COM CAPACIDADE PARA MAIS OU MENOS 5 LITROS);
- ÁGUA SUFICIENTE PARA ENCHER A BACIA;
- TRÊS COLHERES DE SOPA DE PÓ DE CAFÉ JÁ UTILIZADO;
- CORANTE ALIMENTÍCIO LÍQUIDO;
- LATAS AMASSADAS;
- PAPEL AMASSADO;
- COLHER.

COMO FAZER

1. COLOQUE ÁGUA NA BACIA, ATÉ TRÊS DEDOS ANTES DA BORDA.
2. PEGUE UM POUCO DE PÓ DE CAFÉ COM A COLHER E DESPEJE NA BACIA.
3. OBSERVE O QUE ACONTECEU.
4. MEXA COM A COLHER ATÉ ESPALHAR O PÓ.
5. ACRESCENTE ALGUMAS GOTAS DO CORANTE NA ÁGUA E MISTURE COM A COLHER. VEJA COMO FICOU A ÁGUA.
6. ACRESCENTE TODAS AS LATAS E O PAPEL AMASSADO, E OBSERVE O QUE ACONTECEU.

REGISTRO DOS RESULTADOS E CONCLUSÃO

NOME: _____

TURMA: _____ DATA: _____/_____/_____

1 DESENHE O QUE ACONTECEU COM A ÁGUA DA BACIA DEPOIS DE MISTURADOS O PÓ DE CAFÉ E O CORANTE E ACRESCENTADAS AS LATAS E AS BOLINHAS DE PAPEL.

2 DEPOIS DE MISTURADOS, O PÓ DE CAFÉ E O CORANTE PODERIAM SER RETIRADOS TOTALMENTE DA ÁGUA? RESPONDA ORALMENTE.

3 CONVERSE COM OS COLEGAS SOBRE O QUE VOCÊS PODEM FAZER PARA DIMINUIR A POLUIÇÃO DOS RIOS.

10. OBSERVANDO SEMENTES

AS SEMENTES SÃO MUITO IMPORTANTES PARA A REPRODUÇÃO DAS PLANTAS. VOCÊ CONHECE ALGUMA SEMENTE? SABE O QUE HÁ DENTRO DELA?

MATERIAL:

- LUPA;
- SEMENTE DE GIRASSOL;
- SEMENTE DE FEIJÃO;
- SEMENTE DE MILHO VERDE OU EM CONSERVA;
- LÁPIS DE COR.

COMO FAZER

1. CONVERSE COM OS COLEGAS E O PROFESSOR SOBRE O QUE VOCÊS ACHAM QUE EXISTE DENTRO DE UMA SEMENTE.
2. DEPOIS OBSERVE SUAS SEMENTES E DESENHE-AS NO ESPAÇO INDICADO NA PRÓXIMA PÁGINA.
3. EM UMA FOLHA, FAÇA UM DESENHO DE COMO VOCÊ ACREDITA QUE AS SEMENTES SEJAM POR DENTRO.
4. ESCOLHA UMA SEMENTE E PEÇA A AJUDA DO PROFESSOR PARA ABRI-LA.
5. OBSERVE-A DETALHADAMENTE POR DENTRO COM O AUXÍLIO DA LUPA. DESENHE NO RELATÓRIO O QUE VOCÊ VIU NELA.
6. REPITA AS ORIENTAÇÕES **4** E **5** COM AS OUTRAS SEMENTES.

REGISTRO DOS RESULTADOS E CONCLUSÃO

NOME: _____

TURMA: _____ DATA: _____/_____/_____

1 DESENHE AS SEMENTES OBSERVADAS POR FORA.

SEMENTE 1	SEMENTE 2	SEMENTE 3

2 DESENHE A PARTE INTERNA DAS SEMENTES QUE VOCÊ ABRIU.

SEMENTE 1	SEMENTE 2	SEMENTE 3

3 RELEMBRE-SE DE COMO VOCÊ IMAGINAVA O INTERIOR DAS SEMENTES ANTES DA OBSERVAÇÃO. COMPARE ESSA IDEIA COM O DESENHO QUE VOCÊ FEZ. HÁ SEMELHANÇAS ENTRE ELES? RESPONDA ORALMENTE.

11. OBSERVANDO AS FOLHAS

AS FOLHAS SÃO MUITO IMPORTANTES PARA AS PLANTAS. VOCÊ JÁ OBSERVOU AS FOLHAS DE PERTO? VAMOS OBSERVÁ-LAS AGORA E PROCURAR DIFERENÇAS ENTRE ALGUNS TIPOS DE FOLHAS.

MATERIAL:

- FOLHAS DE PLANTAS;
- PAPEL-CARTÃO;
- LUPA;
- RÉGUA;
- COLA;
- LÁPIS DE COR OU GIZ DE CERA;
- TESOURA SEM PONTA.

COMO FAZER

1. ESCOLHA UMA FOLHA E OBSERVE A ESTRUTURA, O FORMATO, A TEXTURA, AS NERVURAS, A COR, O CHEIRO E O TAMANHO DELA.

2. USE A LUPA PARA VER OS DETALHES COM MAIS ATENÇÃO.

3. DEPOIS DE OBSERVAR TODAS AS CARACTERÍSTICAS, MONTE UM CARTÃO COM A FOLHA. PEÇA AO PROFESSOR QUE CORTE O PAPEL-CARTÃO E O DEIXE COM 10 CENTÍMETROS DE LARGURA E 20 CENTÍMETROS DE COMPRIMENTO. DOBRE O PAPEL-CARTÃO AO MEIO, DE MODO QUE FIQUE QUADRADO. PASSE A COLA NA FOLHA E COLE-A NA CAPA DO CARTÃO.

4. USE LÁPIS DE COR OU GIZ DE CERA PARA ENFEITAR O CARTÃO.

5. AGORA VOCÊ PODE USÁ-LO COMO CARTÃO E DAR DE PRESENTE PARA ALGUÉM DE QUE VOCÊ GOSTA. PODE SER ALGUÉM DA SUA FAMÍLIA, UM AMIGO OU AMIGA.

REGISTRO DOS RESULTADOS E CONCLUSÃO

NOME: _____

TURMA: _____ DATA: _____/_____/_____

1 ESCOLHA UMA FOLHA QUE VOCÊ COLETOU E DESENHE-A NO ESPAÇO ABAIXO.

2 AGORA PREENCHA A FICHA ABAIXO COM AS INFORMAÇÕES DELA.

- NOME DA PLANTA: _____
- LOCAL E DATA DE COLETA: _____
- COMPRIMENTO DA FOLHA: _____
- COLORAÇÃO: _____
- TEXTURA: _____

3 VOCÊ CONHECIA ESSA FOLHA? DE QUE MAIS GOSTOU NELA? RESPONDA ORALMENTE.

12. AGRUPANDO OS ANIMAIS

OS ANIMAIS SÃO DIFERENTES ENTRE SI E AO MESMO TEMPO TÊM MUITAS CARACTERÍSTICAS EM COMUM. VAMOS AGRUPÁ-LOS DE ACORDO COM SUAS CARACTERÍSTICAS?

MATERIAL:

- LIVROS SOBRE ANIMAIS;
- REVISTAS COM ASSUNTOS RELACIONADOS A ANIMAIS;
- *SITES* DA INTERNET;
- CADERNO;
- LÁPIS DE COR;
- LÁPIS;
- BORRACHA.

COMO FAZER

1. COM O PROFESSOR, VOCÊ E OS COLEGAS FARÃO UMA PESQUISA DE CAMPO AO REDOR DA ESCOLA PARA OBSERVAR OS SERES VIVOS. UTILIZE A LUPA PARA ENXERGAR MELHOR ALGUNS DOS ANIMAIS ENCONTRADOS. NÃO TOQUE NELES.

2. ANOTE NO CADERNO OS NOMES DOS ANIMAIS QUE VOCÊ VIU.

3. EM SALA DE AULA, COM A AJUDA DO PROFESSOR, PESQUISE EM LIVROS, REVISTAS E INTERNET AS CARACTERÍSTICAS DE ALGUNS DOS ANIMAIS OBSERVADOS NA PESQUISA DE CAMPO: O QUE ELES COMEM, ONDE VIVEM, COMO SE MOVIMENTAM, SE NASCEM DE OVOS OU DA BARRIGA DA MÃE.

REGISTRO DOS RESULTADOS E CONCLUSÃO

NOME: _____

TURMA: _____ DATA: _____/_____/_____

1 DESENHE A SEGUIR OS ANIMAIS ESCOLHIDOS QUE ANDAM.

2 AGORA DESENHE OS ANIMAIS ESCOLHIDOS QUE VOAM.

3 POR QUE VOCÊ ESCOLHEU ESSES ANIMAIS? RESPONDA ORALMENTE.

13. LANCHE PARA PASSARINHOS

OS PÁSSAROS SÃO ANIMAIS QUE VIVEM EM MUITOS AMBIENTES. VAMOS FAZER UM LANCHE PARA ELES?

MATERIAL:
- UMA BANANA CORTADA AO MEIO NO SENTIDO DO COMPRIMENTO;
- UM JILÓ CORTADO AO MEIO.

COMO FAZER

1. O PROFESSOR DEVE CORTAR A BANANA AO MEIO NO SENTIDO DO COMPRIMENTO E O JILÓ AO MEIO.
2. EM SEGUIDA, ELE VAI COLOCÁ-LOS EM UM LUGAR ONDE OS PÁSSAROS POSSAM CHEGAR PARA COMÊ-LOS.
3. DESENHE NA PÁGINA A SEGUIR COMO FICOU A MONTAGEM DO EXPERIMENTO.

REGISTRO DOS RESULTADOS E CONCLUSÃO

NOME: _____

TURMA: _____ DATA: _____/_____/_____

1 OBSERVE OS ALIMENTOS POR TRÊS DIAS SEGUIDOS E RESPONDA ÀS QUESTÕES ORALMENTE:

A) ELES TÊM MARCAS DE QUE FORAM CONSUMIDOS? VOCÊ VIU ALGUM PÁSSARO SE ALIMENTANDO DELES?

B) VOCÊ ACHA QUE É IMPORTANTE DAR ALIMENTO PARA OS PÁSSAROS?

C) VOCÊ ACHA MELHOR MANTER OS PÁSSAROS EM GAIOLAS OU PREFERE DAR ALIMENTO PARA ELES VIREM ATÉ SUA CASA COM LIBERDADE?

2 DESENHE AS MODIFICAÇÕES NO EXPERIMENTO E, SE POSSÍVEL, OS TIPOS DE PÁSSAROS QUE SE ALIMENTARAM DELE.

1º DIA	3º DIA

33

UNIVERSO E TECNOLOGIA

14. TELEFONE DE BARBANTE

A AUDIÇÃO É O SENTIDO QUE NOS PERMITE PERCEBER OS SONS. AS ORELHAS SÃO OS ÓRGÃOS QUE AUXILIAM NESSE PROCESSO.

MATERIAL:
- 5 METROS DE BARBANTE;
- DOIS COPOS PLÁSTICOS (RESISTENTES, COMO COPOS DE REQUEIJÃO) VAZIOS;
- PREGO.

COMO FAZER

1. PEÇA A UM ADULTO PARA FURAR O FUNDO DOS COPOS PLÁSTICOS COM O PREGO, GARANTINDO QUE O BARBANTE POSSA PASSAR POR ELE.
2. PASSE O BARBANTE PELO FURO DO PRIMEIRO COPO, ESTIQUE-O E FAÇA O MESMO COM A OUTRA PONTA, NO SEGUNDO COPO.
3. DÊ UM NÓ NA PONTA DO BARBANTE. FAÇA O MESMO COM A OUTRA PONTA.
4. AGORA É SÓ BRINCAR! CHAME UM COLEGA E, JUNTOS, ESTIQUEM BEM O BARBANTE. QUANDO FOR FALAR, COLOQUE O COPO NA BOCA. PARA OUVIR, COLOQUE-O NA ORELHA.
5. REPITA O PASSO ANTERIOR, MAS DEIXE O BARBANTE FROUXO. PRESTE ATENÇÃO NO QUE ACONTECE.

REGISTRO DOS RESULTADOS E CONCLUSÃO

NOME: _____

TURMA: _____ DATA: _____/_____/_____

1 VOCÊ CONSEGUIU OUVIR O QUE SEU COLEGA FALOU DO OUTRO LADO DO TELEFONE?

A) ☐ SIM.   B) ☐ NÃO.

2 PARA OUVIR COM MAIS CLAREZA, COMO O BARBANTE DEVE ESTAR?

A) ☐ FROUXO.   B) ☐ ESTICADO.

3 DESENHE QUAL ÓRGÃO DO SENTIDO É USADO NESTA ATIVIDADE PARA OUVIR AO TELEFONE.

15. DURANTE O DIA EXISTEM ESTRELAS NO CÉU?

VOCÊ JÁ PAROU PARA PENSAR NISTO: POR QUE NÃO VEMOS ESTRELAS NO CÉU DURANTE O DIA? PARA SABER DO ASSUNTO, FAÇA O EXPERIMENTO A SEGUIR.

MATERIAL:

- UMA FOLHA DE PAPEL BRANCO;
- GIZ DE CERA BRANCO;
- TINTA GUACHE PRETA BEM DILUÍDA EM ÁGUA;
- PINCEL.

COMO FAZER

1. USE O GIZ DE CERA BRANCO PARA DESENHAR VÁRIAS ESTRELAS ESPALHADAS PELA FOLHA.
2. PEGUE O PINCEL, MOLHE-O NA TINTA GUACHE PRETA DILUÍDA EM ÁGUA E PASSE SOBRE A FOLHA INTEIRA, COBRINDO O DESENHO DAS ESTRELAS.
3. DEIXE O DESENHO SECAR.
4. OBSERVE O QUE OCORREU.

REGISTRO DOS RESULTADOS E CONCLUSÃO

NOME: _____
TURMA: _____ DATA: _____/_____/_____

1 COMO FICOU SEU DESENHO APÓS VOCÊ PASSAR A TINTA PRETA? RESPONDA ORALMENTE.

2 RESPONDA ORALMENTE:

A) VOCÊ COSTUMA OBSERVAR O CÉU À NOITE?

B) NA SUA CIDADE, GERALMENTE HÁ MUITAS ESTRELAS NO CÉU À NOITE?

3 OBSERVE O CÉU NOTURNO DE SUA CIDADE EM DOIS DIAS SEGUIDOS, NO MESMO HORÁRIO E NO MESMO LUGAR. EM CADA UM DOS DIAS, DESENHE ALGUMAS ESTRELAS QUE VOCÊ VIU.

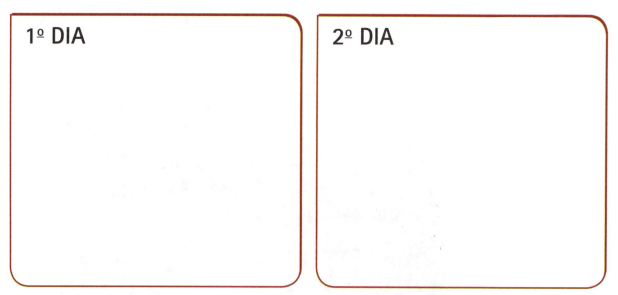

| 1º DIA | 2º DIA |

DEPOIS COMPARE OS DESENHOS, LEMBRE-SE DE SUAS OBSERVAÇÕES E RESPONDA ORALMENTE:

A) O ASPECTO (OU A IMAGEM) DO CÉU ESTEVE IGUAL NESSES DOIS DIAS?

B) SE NÃO ESTEVE, O QUE MUDOU? POR QUÊ?

16. A LUA TEM LUZ PRÓPRIA?

QUANDO A LUA ESTÁ CHEIA, ELA ILUMINA TODO O CÉU. MAS SE A LUA NÃO TEM LUZ PRÓPRIA, COMO ISSO PODE ACONTECER? VAMOS FAZER ESSE EXPERIMENTO PARA DESCOBRIR A RESPOSTA.

MATERIAL:

- LANTERNA;
- BOLA DE ISOPOR OU FEITA DE PAPEL AMASSADO.

COMO FAZER

1. PARA ESTA ATIVIDADE, O PROFESSOR PROVIDENCIARÁ UMA SALA ESCURECIDA.
2. PEGUE A BOLA QUE REPRESENTA A LUA E PEÇA A UM COLEGA, DISTANTE MAIS OU MENOS 2 METROS DE VOCÊ, QUE ILUMINE SUA "LUA".
3. FAÇA NOVAMENTE O EXPERIMENTO, MAS AGORA POSICIONE A LANTERNA DE FORMA QUE A LUZ QUE VEM DELA NÃO ATINJA A BOLA.

REGISTRO DOS RESULTADOS E CONCLUSÃO

NOME: _____

TURMA: _____ DATA: _____/_____/_____

1 DESENHE COMO FICOU O EXPERIMENTO QUANDO A LANTERNA ESTAVA DIRECIONADA PARA A BOLA DE ISOPOR.

2 A LANTERNA REPRESENTA QUAL CORPO CELESTE?

A) ☐ SOL.   B) ☐ LUA.

3 E A BOLA DE ISOPOR, REPRESENTA QUAL CORPO CELESTE?

A) ☐ SOL.   B) ☐ LUA.

4 DEPOIS DE FAZER O EXPERIMENTO, INDIQUE COM UM **X** A ALTERNATIVA CORRETA.

A) ☐ A LUA TEM LUZ PRÓPRIA.

B) ☐ A LUA NÃO TEM LUZ PRÓPRIA. ELA É ILUMINADA PELO SOL.

17. O TAMANHO DO SOL, DA TERRA E DA LUA

VOCÊ JÁ PENSOU EM COMPARAR O TAMANHO DO SOL, DA TERRA E DA LUA? SERÁ QUE ELES TÊM O MESMO TAMANHO?

COM ESSE EXPERIMENTO, VAMOS TER UMA IDEIA DA RELAÇÃO ENTRE OS TAMANHOS DE CADA UM DELES.

MATERIAL:

- MASSA DE MODELAR NAS CORES AZUL E BRANCA;
- BALÃO DE FESTAS GRANDE.

COMO FAZER

1. COM A MASSA DE MODELAR AZUL, MODELE, COM AS MÃOS, UMA BOLINHA DO TAMANHO DE UMA AZEITONA. ESSA ESFERA VAI SER A TERRA.

2. COM A MASSA DE MODELAR BRANCA, MODELE OUTRA BOLINHA QUE TENHA METADE DA METADE DA ESFERA QUE REPRESENTA A TERRA. ESSA ESFERA SERÁ A LUA.

3. O SOL SERÁ REPRESENTADO PELO BALÃO DE FESTA.

4. COLOQUE OS MODELOS LADO A LADO E COMPARE O TAMANHO DELES. DEPOIS, TROQUE IDEIAS COM OS COLEGAS E O PROFESSOR SOBRE A DIFERENÇA DE TAMANHO ENTRE AS ESFERAS QUE REPRESENTAM O SOL, A TERRA E A LUA.

REGISTRO DOS RESULTADOS E CONCLUSÃO

NOME: _____

TURMA: _____ DATA: _____ / _____ / _____

1 VOCÊ IMAGINAVA ESSA DIFERENÇA ENTRE OS TAMANHOS DESSES CORPOS CELESTES?

A) ☐ SIM.   B) ☐ NÃO.

2 DE ACORDO COM SEU MODELO, QUAL É O MAIOR ASTRO?

_____

3 EXISTEM ASTROS MUITO MAIORES QUE O SOL. POR QUE ELES NÃO SÃO VISTOS POR NÓS?

A) ☐ PORQUE ESTÃO MUITO PERTO DA TERRA.

B) ☐ PORQUE ESTÃO MUITO LONGE DA TERRA.

4 CONVERSE COM OS COLEGAS SOBRE O QUE APRENDERAM FAZENDO ESSES MODELOS. FAÇA UM DESENHO QUE REPRESENTE O TAMANHO DO SOL, DA TERRA E DA LUA, DE ACORDO COM SEUS NOVOS CONHECIMENTOS.

18. METEORITOS

VOCÊ JÁ OUVIU FALAR DE METEORITOS? ELES SÃO CORPOS CELESTES QUE SE MOVIMENTAM NO ESPAÇO E ACABAM SENDO ATRAÍDOS POR ASTROS MAIORES. VAMOS SIMULAR A RELAÇÃO ENTRE ESSES CORPOS E AS CRATERAS QUE HÁ NA LUA?

MATERIAL:

- ASSADEIRA;
- FARINHA;
- RÉGUA;
- PEQUENAS PEDRAS (BRITA, POR EXEMPLO).

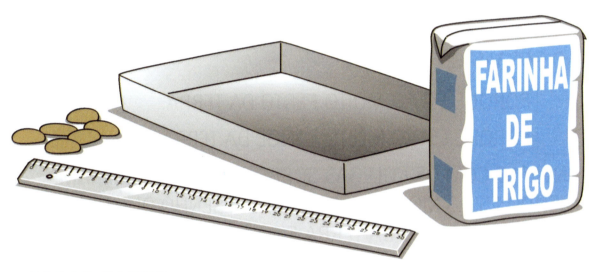

COMO FAZER

1. DESPEJE A FARINHA NA ASSADEIRA ATÉ ACUMULAR ENTRE 2 CENTÍMETROS E 3 CENTÍMETROS DE PROFUNDIDADE.
2. PASSANDO A RÉGUA NA SUPERFÍCIE DA FARINHA, TENTE DEIXÁ-LA O MAIS PLANA E LISA POSSÍVEL.
3. SOLTE ALGUMAS PEDRINHAS SOBRE A SUPERFÍCIE DE FARINHA.
4. RETIRE CUIDADOSAMENTE CADA UMA DAS PEDRAS, SEM MODIFICAR OS BURACOS QUE ELAS FORMARAM.

REGISTRO DOS RESULTADOS E CONCLUSÃO

NOME: _____

TURMA: _____ DATA: _____/_____/_____

1 DESENHE COMO FICOU A SUPERFÍCIE DA FARINHA APÓS O TÉRMINO DO EXPERIMENTO.

2 RESPONDA ORALMENTE:

A) CONSIDERANDO A SUPERFÍCIE DA LUA E OS METEORITOS, QUAL DELES A FARINHA REPRESENTA NO EXPERIMENTO?

B) CONSIDERANDO A SUPERFÍCIE DA LUA E OS METEORITOS, QUAL DELES AS PEDRINHAS REPRESENTAM NO EXPERIMENTO?

C) DEPOIS DE RETIRADAS AS PEDRINHAS QUE VOCÊ SOLTOU NA SUPERFÍCIE, COMO FICOU A SUPERFÍCIE DA FARINHA?

19. ROTAÇÃO DA TERRA

VOCÊ JÁ PENSOU POR QUE OCORREM OS DIAS E AS NOITES? PARA DESCOBRIR, VAMOS FAZER UM EXPERIMENTO!

MATERIAL:

- MASSA DE MODELAR VERMELHA;
- MASSA DE MODELAR AZUL;
- LANTERNA.

COMO FAZER

1. MODELE A MASSA AZUL EM FORMA DE BOLA DE GUDE PARA REPRESENTAR A TERRA.
2. PEGUE UM PEDAÇO DA MASSA DE MODELAR VERMELHA E MARQUE UM LOCAL NA ESFERA AZUL. ESSA MARCA SERÁ A REPRESENTAÇÃO DE ONDE ESTÁ O BRASIL NA TERRA.
3. UM COLEGA SEGURA A BOLA QUE REPRESENTA A TERRA.
4. ESCUREÇA A SALA DE AULA, ACENDA A LANTERNA E DIRECIONE A LUZ PARA O SEU MODELO DE TERRA.
5. DEVAGAR, O COLEGA DEVE GIRAR A TERRA EM TORNO DELA MESMA. ESSE MOVIMENTO CHAMA-SE **MOVIMENTO DE ROTAÇÃO**.
6. OBSERVE COMO FICA A ILUMINAÇÃO NO MODELO À MEDIDA QUE A TERRA ESTÁ GIRANDO EM TORNO DE SI MESMA.
7. NOTE QUE A MASSA VERMELHA, QUE REPRESENTA O BRASIL, ORA PASSA PELA LUZ, ORA PASSA PELA SOMBRA.

REGISTRO DOS RESULTADOS E CONCLUSÃO

NOME: _____

TURMA: _____ DATA: _____/_____/_____

1 QUANDO, NO SEU MODELO, ESTÁ DIA NA POSIÇÃO EM QUE O BRASIL SE ENCONTRA?

A) ☐ QUANDO ELE ESTÁ DE FRENTE PARA A LUZ DA LANTERNA.

B) ☐ QUANDO ESTÁ FORA DA LUZ DA LANTERNA.

2 CONVERSE COM O PROFESSOR E OS COLEGAS SOBRE A RELAÇÃO DESSE MOVIMENTO COM A EXISTÊNCIA DOS DIAS E DAS NOITES EM NOSSO PLANETA.

3 EXPLIQUE ORALMENTE: QUAL CORPO CELESTE A LANTERNA REPRESENTA?

4 DEPOIS DE FAZER ESSE EXPERIMENTO, DESENHE O PLANETA TERRA E O SOL, REPRESENTANDO O DIA E A NOITE.

20. RELÓGIO DE SOL

VAMOS CRIAR UM MODELO DE RELÓGIO DE SOL PARA ENTENDER COMO ELE FUNCIONA?

MATERIAL:

- BALDE;
- AREIA;
- CABO DE VASSOURA;
- GIZ DE LOUSA.

COMO FAZER

1. PEÇA A AJUDA DE UM ADULTO E, JUNTOS, COLOQUEM A AREIA NO BALDE. DEPOIS, FIXE O CABO DE VASSOURA BEM NO CENTRO DO BALDE CHEIO DE AREIA. O CABO DE VASSOURA DEVE FICAR MUITO FIRME E NO MÍNIMO 20 CENTÍMETROS DE SEU COMPRIMENTO DEVE FICAR ENTERRADO NA AREIA DENTRO DO BALDE.

2. ESCOLHA UM LOCAL QUE TENHA INCIDÊNCIA DOS RAIOS DE SOL O DIA TODO E QUE NÃO ATRAPALHE A PASSAGEM DAS PESSOAS.

3. COM O GIZ, RISQUE NO CHÃO A POSIÇÃO DA SOMBRA DO CABO DE VASSOURA EM CADA HORA DO DIA. AO LADO DE SUA MARCAÇÃO, MARQUE A HORA EM QUE ELA FOI FEITA.

4. O PASSO ANTERIOR DEVE SER REPETIDO EM TODAS AS HORAS DO DIA EM QUE HOUVER SOL.

5. OBSERVE NO DIA SEGUINTE SE AS MARCAÇÕES ESTÃO IGUAIS E SE HOUVE MODIFICAÇÃO DA POSIÇÃO DA SOMBRA ENTRE OS DIAS OBSERVADOS.

REGISTRO DOS RESULTADOS E CONCLUSÃO

NOME: _____

TURMA: _____ DATA: _____/_____/_____

1 REPRESENTE COM UM DESENHO O RELÓGIO DE SOL QUE VOCÊ CONSTRUIU.

2 RESPONDA ORALMENTE: VOCÊ TEVE ALGUMA DIFICULDADE PARA FAZER ESSE EXPERIMENTO? POR QUÊ?

3 EM SUA OPINIÃO, UM RELÓGIO DE SOL PODERIA SER ÚTIL PARA A SOCIEDADE ATUAL? POR QUÊ? RESPONDA ORALMENTE.